W0250867

Arno Backhaus

Das Senfkorn-Prinzip

50 Ideen, um die Welt
auf den Kopf zu stellen

Arno Backhaus

DAS SENFKORN-PRINZIP

50 Ideen, um die Welt auf den Kopf zu stellen

SCM Collection

SCM

Stiftung Christliche Medien

4. Gesamtauflage 2011

Gesamtgestaltung: Dietmar Reichert, Dormagen
Druck: Dimograf, Polen
ISBN 978-3-7893-9397-6
Bestell-Nr. 629.397

Sind wir Theoristen oder Praxisten?

Geld ist nicht für das Portemonnaie gemacht, sondern dass es in Bewegung bleibt. Man spricht vom Geld- und Wirtschaftskreislauf.

Ein Auto ist nicht dafür konstruiert, in der Garage zu stehen, sondern dass man und frau damit fährt.

Ein Fallschirm hat seinen Sinn verfehlt, wenn er, richtig zusammengelegt, am Rücken „kleben" bleibt. Der Sinn des Fallschirmes wird doch erst dann erfüllt, wenn ich abspringe und die Leinen ziehe.

Und der Glaube ist nicht dafür da, dass ich an den Glauben glaube, sondern aus dem Glauben heraus lebe und handele. Auf dass der Glaube Beine bekommt und wirksam wird.

Bei einer meiner Straßenaktionen, die ich immer wieder einmal durchführe, stelle ich mich zwei bis drei Stunden in irgendeine Fußgängerzone in Deutschland und halte ein Schild in der Hand: „Ich habe keine Zeit". Neulich kam eine Frau zu mir und sagte „Sie standen doch vor einer Stunde schon hier?!! Was soll das Ganze?" Und ich antworte dann darauf, dass es doch nicht darauf ankommt, was auf meinem Schild steht oder was ich verkünde, sondern was ich tue. Entscheidend ist, was ich lebe. Auf meinem Schild kann viel stehen, erzählen kann ich viel, Bücher stehen viele in meinem Schrank, die ich alle gut finde. Ich habe den Eindruck, dass wir oft das eine glauben und das andere leben. Das hat wenig miteinander zu tun. Führen wir ein Doppelleben, sind wir schizophren oder gar scheinheilig? Manchmal habe ich den Eindruck, dass wir Meister der Theorie und Nieten in der Praxis sind.

Gott möchte, dass das, was wir glauben, immer mehr Teil unserer Persönlichkeit und unseres Charakters wird. Es soll Auswirkungen in unserem Alltag haben, Wirkungen zeigen in unserem Leben. Was wir glauben, ist doch nicht entscheidend, sondern was wir leben, was wir einüben und trainieren.

Der Glaube soll verankert werden in unsere Füße und Hände, in unsere Worte und unser Herz, in unseren Fahrstil und unseren Umgang mit Geld, Sexualität, Urlaub und Fernsehen …

„Darum lebt in der Liebe" steht im Neuen Testament. Auf das, was wir leben kommt es an.

In diesem Buch habe ich 50 kleine Ideen aufgelistet, die meine kleine Welt auf den Kopf stellen können, wenn ich sie einübe und praktiziere, wenn Glaube kein Standpunkt ist, sondern zur Nachfolge und zum Aufbruch wird.

Kommt ein Tourist in eine Kirche und sagt zum Küster: „Sie haben aber eine schöne Kirche!" Sagt der Küster: „Ja, mir schonets aber au!" Die Liebe will nicht geschont, sie will benutzt werden. Wir sollen mit ihr umgehen, experimentieren, sie einatmen, in ihr leben, sie einüben. „Liebe üben" – auch eine Aussage, die immer wieder in der Bibel vorkommt. Liebe geschieht nicht von selbst, dazu muss ich mich entscheiden. Auch der Glaube an Jesus Christus, die Liebe in Person, will nur gelebt werden. Was soll sonst der Glaube für einen Sinn haben?

Und damit wir bei allen Aktionen keinen Burnout bekommen, ist es genauso wichtig, Zeiten der Entspannung, der Stille und Ruhe und des Auftankens einzuüben. Auch hier findest Du im Buch verstreut Vorschläge der aktiven Stille. Denn Geld kann im Kreis laufen, aber wir sollten das möglichst vermeiden, sonst ist der Kreislaufkollaps vorprogrammiert.

Arno Backhaus

Aktion 1

BEI DER GEBURT

Es stimmt nicht, dass alle Menschen die gleichen Chancen haben. Auch in Deutschland ist dies nicht der Fall.

SIND ALLE

Manche sind gleicher als andere. Unterschiedliche Startvoraussetzungen führen zu unterschiedlichen Ergebnissen.

MENSCHEN

Trotzdem, lass dich nicht irritieren!

GLEICH

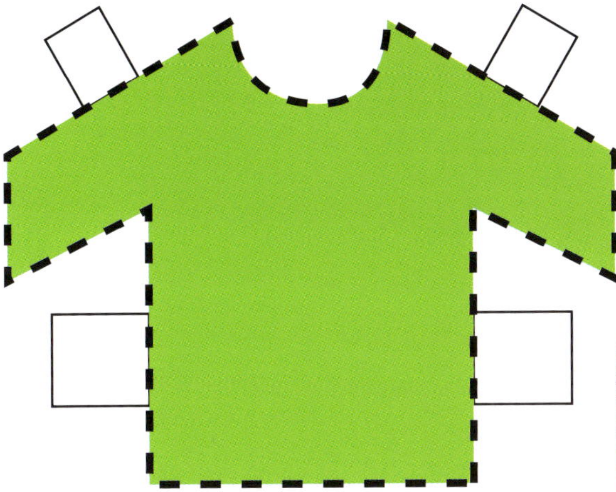

Lass dich nicht vom Outfit
anderer irritieren. Du bist genauso wertvoll
mit deinen Otto-Normal-Klamotten!

Lass dich nicht vom
makellosen Aussehen der Medienstars
irritieren. In 100 Jahren sehen
wir alle gleich „schlank" aus …

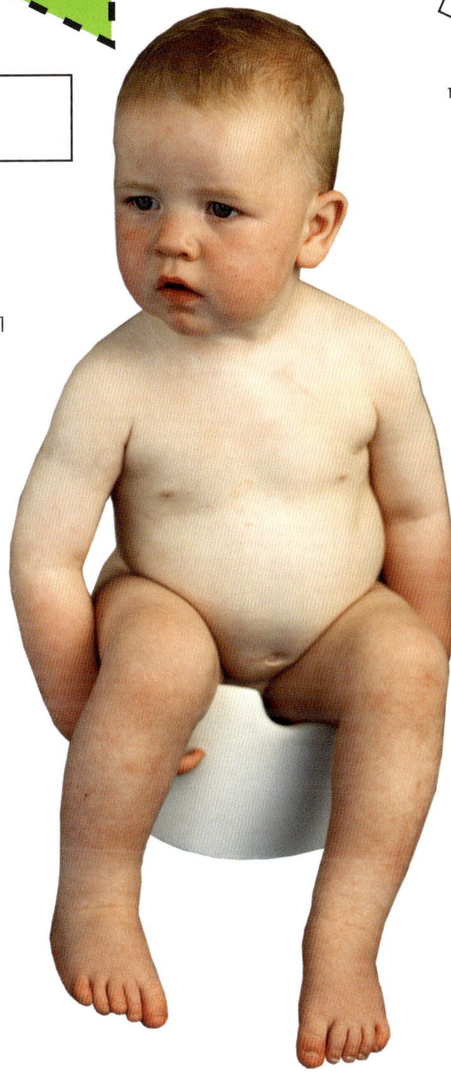

Lass dich nicht von der
Intelligenz anderer irritieren.
Intelligenz schützt nicht
vor Dummheit!

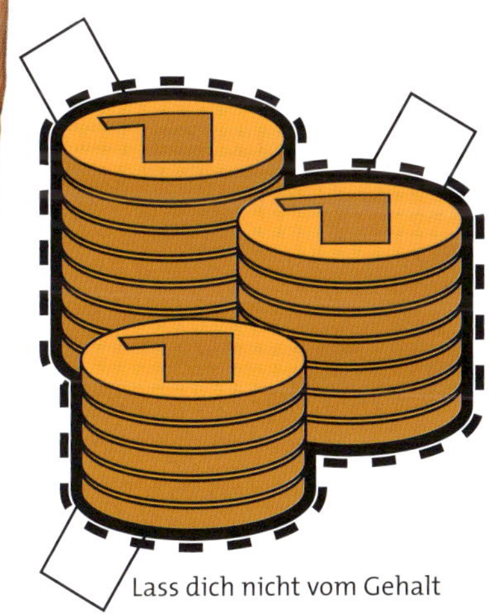

Lass dich nicht vom Gehalt
deines Nachbarn irritieren.
Er ist vielleicht reicher als du,
aber nicht automatisch auch glücklicher
(und hat vielleicht einfach nur
mehr Schulden …)!

… ALT

Aktion 2

Es gibt fünf Evangelien: **Matthäus, Markus, Lukas, Johannes**

Erlaube Gott, deinen Charakter zu verändern und zu prägen.

Versuche, im Gespräch mit anderen und im Gespräch mit Gott herauszubekommen, wer dein Gottesbild, Menschenbild, Partnerbild geprägt hat.

Komme deiner Persönlichkeit auf die Schliche.

Besuche Seminare zur Heilung der Persönlichkeit, nimm Seelsorge und ggf. Therapie in Anspruch (Adressen siehe Anhang).

und das **Leben der Christen**. Einige lesen nie die ersten vier.

Lies Bücher über Charakterprägung und über Persönlichkeitsstile, z. B.:

- Lawrence J. Crabb: Christsein ohne Krampf. Wie Gott falschen Druck von uns nimmt, Brunnen Verlag, Basel.
- Lawrence J. Crabb: Von innen nach außen, Brunnen Verlag, Basel.
- Lawrence J. Crabb: Glück suchen oder Gott finden? Unterscheidungshilfen in der Welt des Kuschelchristentums, Brunnen Verlag, Basel.
- Samuel Pfeifer: Der sensible Mensch, R. Brockhaus Verlag, Wuppertal.
- Verena Kast: Loslassen und sich selber finden, Herder Verlag, Freiburg.
- Hanna Backhaus: Kronprinz oder Nesthäkchen? Wie die Geschwisterposition den Charakter prägt, R. Brockhaus Verlag, Wuppertal.
- Reinhold Ruthe: Typen und Temperamente. Die vier Persönlichkeitsstrukturen, Brendow, Moers.
- Peter Strauch: Wer bin ich, wenn mich keiner sieht. Von der Sehnsucht, echt zu sein, R. Brockhaus Verlag, Wuppertal.
- Dr. Gary Chapman: Die andere Seite der Liebe, Brunnen Verlag, Giessen.
- Brennan Manning: Der Blick, der dich heilt. Auf Jesus schauen und sich selbst annehmen, R. Brockhaus Verlag, Wuppertal.
- Hans Peter Royer: Du musst sterben, bevor du lebst, damit du lebst, bevor du stirbst!, Hänssler Verlag, Holzgerlingen.
- John Ortberg: Jeder ist normal, bis du ihn kennen lernst, Gerth Medien, Asslar.

AKTION 3

Jetzt aber mal Ruhe!

GOTT hat am siebten Tag der Schöpfung geruht: Er ging im Garten Eden nach all den Strapazen spazieren. Wenn schon Gott nach getaner Arbeit Ruhe braucht, wie viel mehr brauchen wir Zeiten der Entspannung und Stille, Zeiten des Auftankens und des Hörens. Deshalb wird an verschiedenen Stellen dieses Buches der Hinweis kommen, sich nicht in Aktivitäten zu verlieren und zu verzetteln, sondern immer wieder anzuhalten. Dort steht dann das Stoppzeichen. Versuche mal in dieser Zeit der Stille, Gott nichts zu erzählen, ihn um nichts zu bitten und für nichts zu danken, sondern halte einfach die Stille in der Gegenwart Gottes aus!

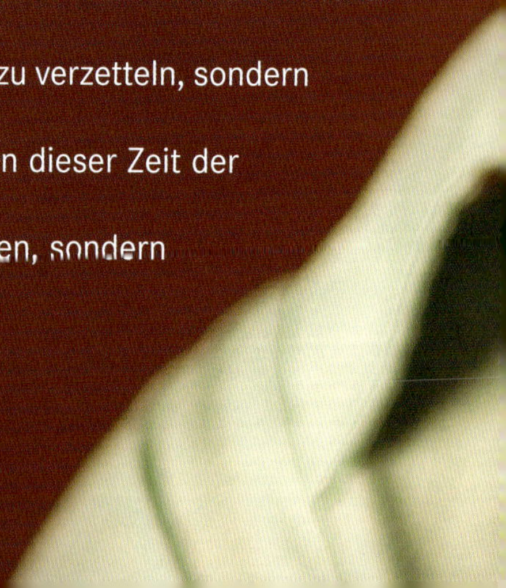

AKTION 4

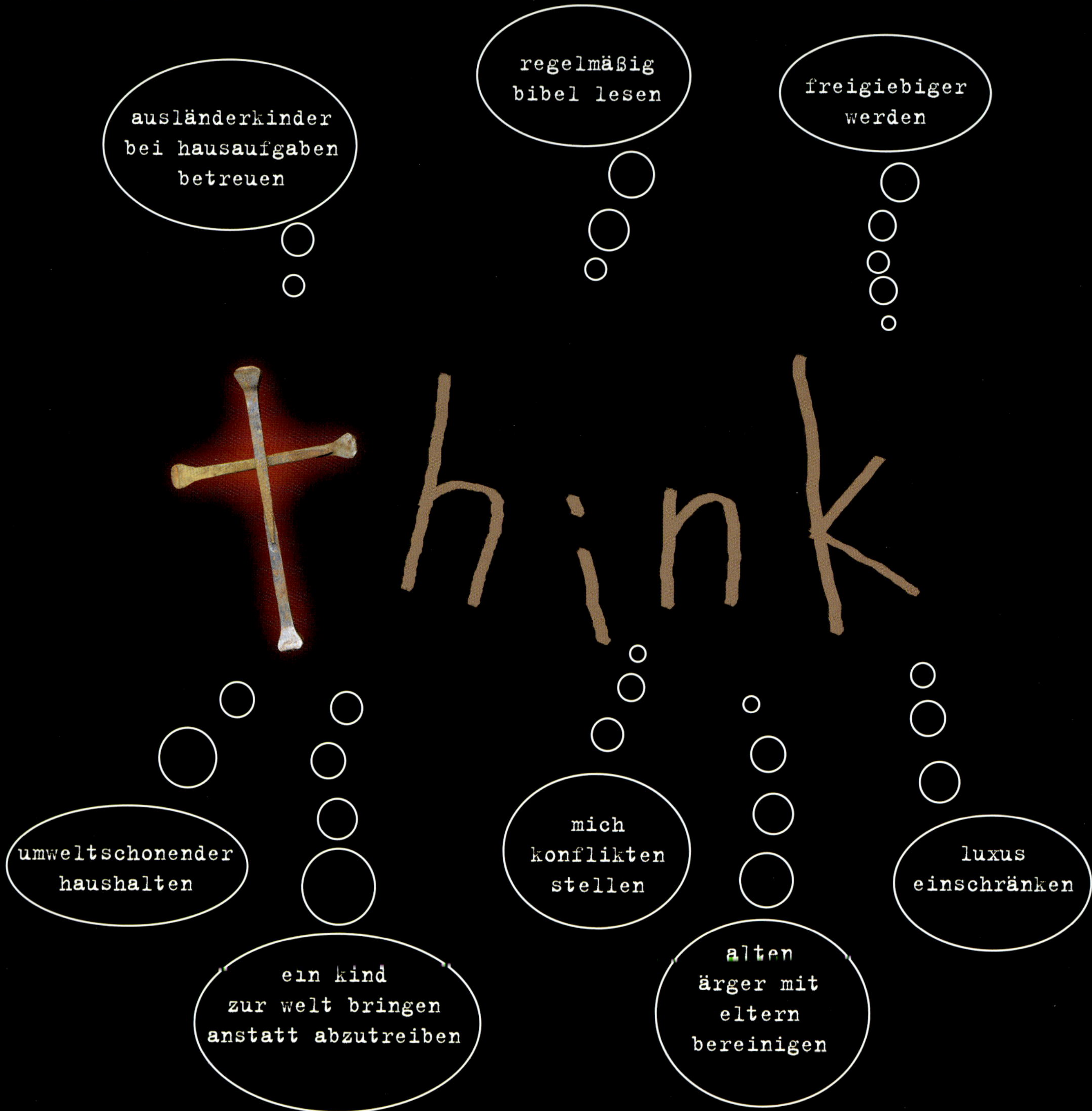
ausländerkinder bei hausaufgaben betreuen
regelmäßig bibel lesen
freigiebiger werden
think
umweltschonender haushalten
ein kind zur welt bringen anstatt abzutreiben
mich konflikten stellen
alten ärger mit eltern bereinigen
luxus einschränken

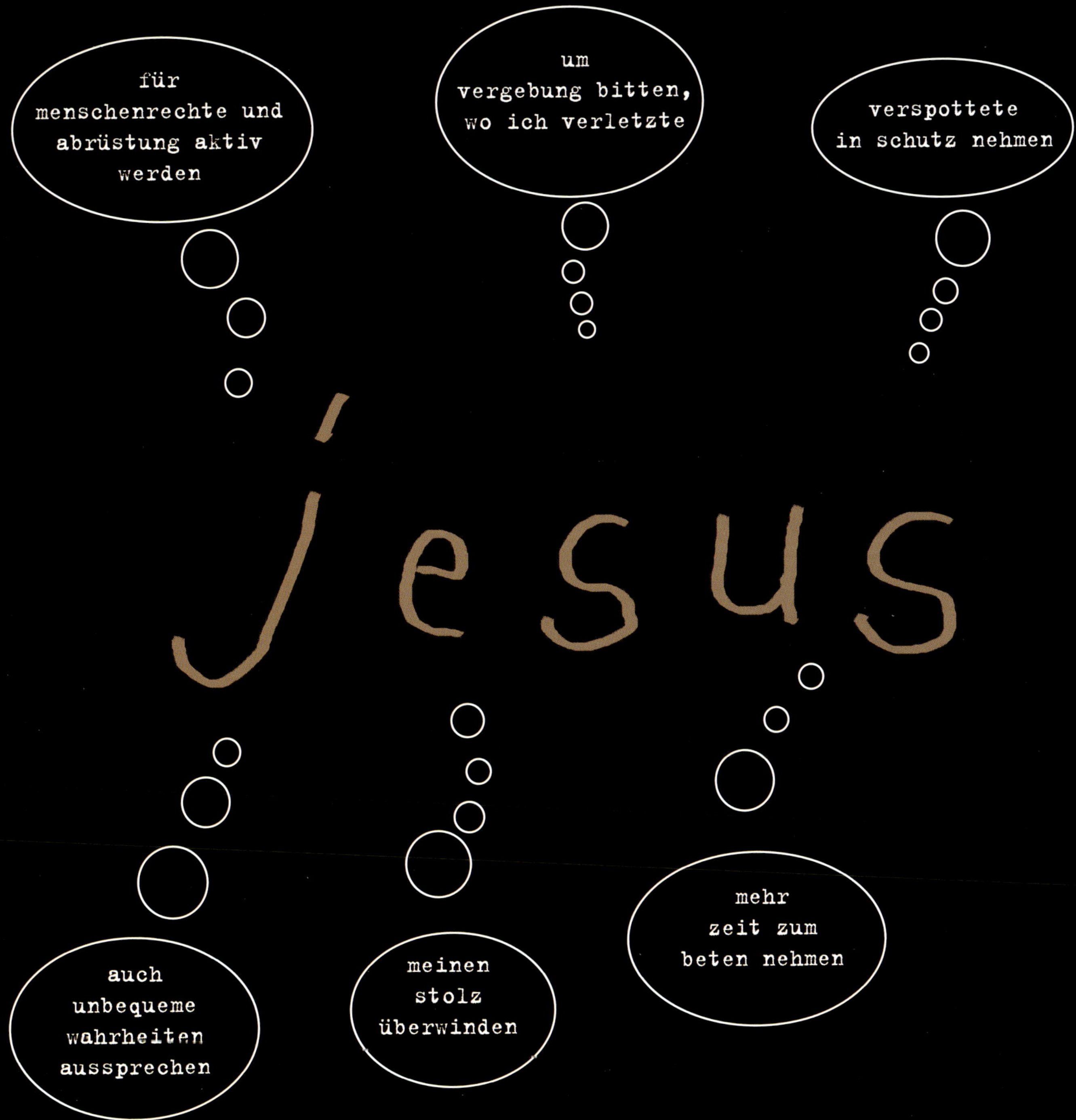
für menschenrechte und abrüstung aktiv werden
um vergebung bitten, wo ich verletzte
verspottete in schutz nehmen
jesus
auch unbequeme wahrheiten aussprechen
meinen stolz überwinden
mehr zeit zum beten nehmen

AKTION 5

WWW

Wir wissen so viel und setzen so wenig davon um.

Wir wollen immer mehr Informationen, Daten und Fakten.

Wir denken, je mehr wir wüssten, umso lebensfähiger würden wir.

informatio

Irrtum! Wenn du das Bisschen, was du weißt und erkannt hast, einübst, umsetzt und trainierst, wirst du immer mehr Lebensweisheit gewinnen.

Wenn das Wenige ein Teil deiner Persönlichkeit geworden ist, kannst du dir ja den nächsten Punkt für die Umsetzung in die Praxis vornehmen und das, was du erkannt hast, einüben.

nsinfarkt?!

Überfordere dich nicht. Du musst nicht die Welt verändern, auch Gott verlangt nichts Unmögliches von dir.

Er wird dich nicht nach den 20 Talenten deines Nachbarn fragen, wohl aber nach den drei Talenten, die er dir gegeben hat. Deshalb gehe erst mal einen Schritt und mache nicht gleich drei auf einmal.

Aktion 6

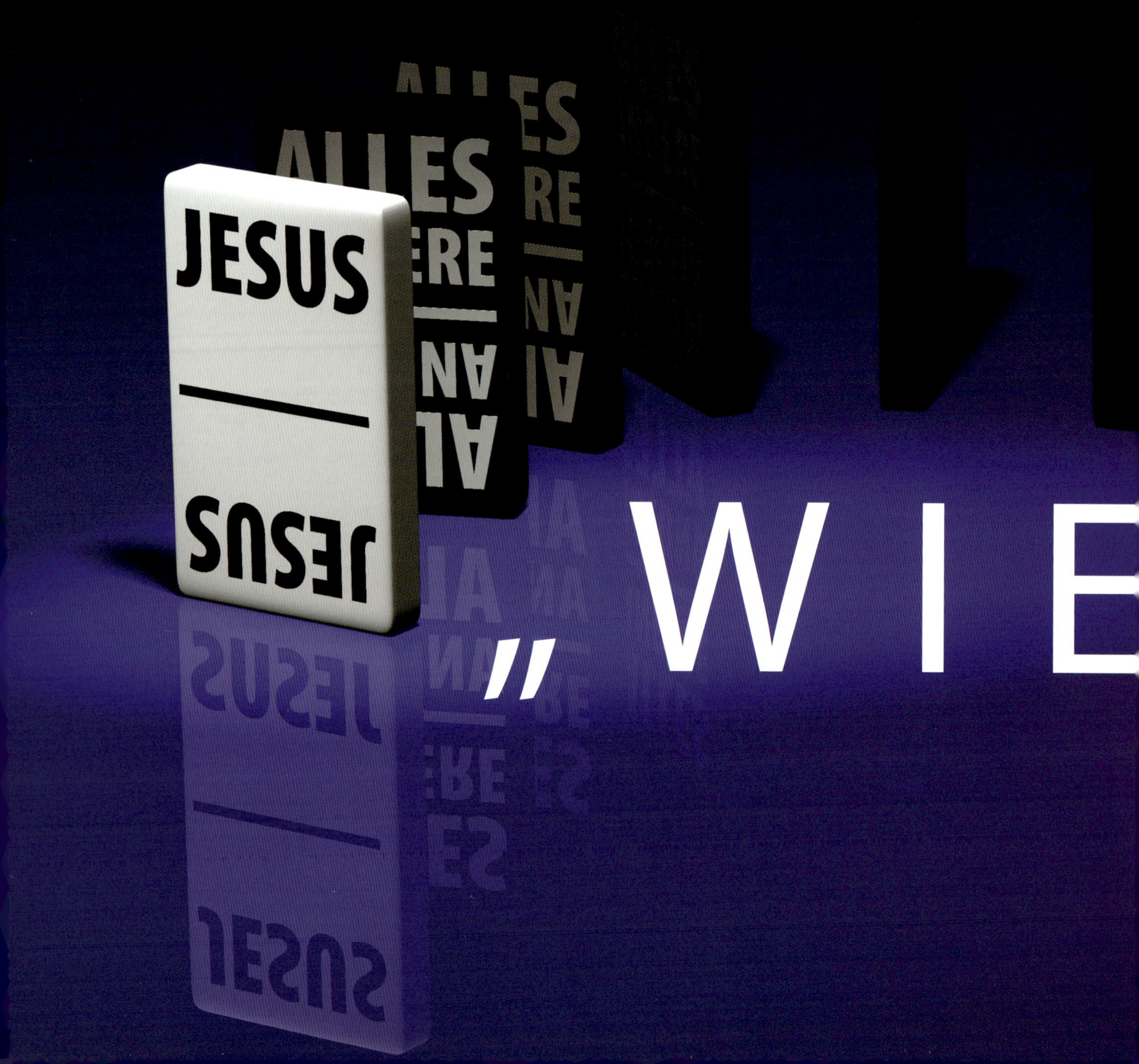

„WIE

SO?

... sind wir eigentlich immer die schlechteren Christen, bloß weil wir Atheisten sind?", fragt ein Atheist einen Christen.

Seine Antwort: „Weil Christsein zuerst mit einer Beziehung zu diesem Christus zu tun hat, und die daraus resultierenden Taten Ergebnis dieser B e z i e h u n g sind. Die Reihenfolge ist wichtig: Es geht nicht zuerst um das, was wir tun, sondern um die Beziehung zu Jesus, aus der dann alles andere folgt."

trotzdem

Übe die neue Trotzphase ein!

- Die Menschen sind unlogisch, unvernünftig und egoistisch. Liebe sie trotzdem.
- Wenn du Gutes tust, werden dich die Menschen wegen „unlauterer“ Motive anklagen. Tue trotzdem das Gute.
- Wenn du Erfolg hast, wirst du falsche Freunde und richtige Feinde gewinnen. Arbeite trotzdem an deinem Erfolg.
- Das Gute, das du heute tust, wird morgen vergessen sein. Tue trotzdem Gutes.
- Ehrlichkeit und Offenheit machen dich verletzlich. Sei trotzdem offen und ehrlich.
- Die Menschen mit den größten Ideen werden von den Menschen mit den kleinsten Ideen abgeschossen. Denke trotzdem groß.
- Die Menschen haben Mitleid mit dem Verlierer, aber folgen nur dem Sieger. Kämpfe trotzdem für die Verlierer.
- Was du in Jahren aufgebaut hast, kann in einer Nacht zerstört werden. Baue trotzdem.
- Gib der Welt das Beste, was du hast, und du wirst dafür geschlagen. Gib der Welt trotzdem dein Bestes.

aus: Arno Backhaus
Lache, und die Welt lacht mit dir. SChnarche, und du schläfst allein!

Gerti G. | photocase.de

Gtt ist radikal

– das kommt von Radieschen.

„Radi“ heißt im Lateinischen Wurzel.

Je mehr du Gott an die *radi*, an die Wurzel deiner Verletzungen, Sehnsüchte und Persönlichkeit lässt, desto mehr kommt das Potenzial, dass er dir gegeben hat, zum Tragen und zur Wirkung …

AKTION 9

JEDER KANN WAS

so viel er mag und so gut er kann was er kann

froodmat | photocase.de

aktion 10

zu handeln,
als wenn die welt voll teufel wär,
ist nicht besonders mutig, wenn man ein teufel ist.

Manche benehmen sich wie der Teufel persönlich, verletzen mit Worten und Taten, spalten, lügen, täuschen …

Wie wäre es, wenn du in bestimmten Abständen zu den Menschen gehst, zu denen du Vertrauen hast? Sag ihnen „Ich erlaube dir, mich zu kritisieren und mir meine Schwächen aufzuzeigen, und ich verspreche dir, nicht sauer auf dich zu sein.“ Dann geh mit dem, was du gehört hast, in Klausur, begib dich in ein mentales Trainingslager der Liebe. Erlaube anderen, an dir zu arbeiten, Ecken und Kanten abzuschlagen, wie Steinmetze, die den Stein ja nicht zerstören, sondern in Form bringen und veredeln. Leider geht das nicht ohne „Schläge“ …

Foto: Leonard | photocase.de

AKTION 11
Christen
raus ...

… aus den Wohnzimmern! Stellt euch doch mal als Kirche, Gemeinde, Hauskreis, christliche Familie die folgende Frage: Was haben die anderen (Nachbarn, Hausbewohner, der Ort, der Straßenzug, usw.) davon, dass ihr Christen seid, dass ihr euch regelmäßig zum Beten und Bibellesen trefft? Dann überlegt euch, welche Gaben in eurer Gruppe vorhanden sind und wie diese in eurem Umfeld zum Einsatz kommen könnten. Hier ein paar Ideen:

- während der Ferien für Kinder Ferienspiele anbieten
- eine Pflegepatenschaft für einen kleinen Stadtpark übernehmen
- einen Einkaufsservice für ältere Menschen ins Leben rufen
- Hausaufgabenbetreuung für sozial schwache oder ausländische Kinder anbieten
- einen Fahrdienst für Behinderte organisieren
- eine Musikschule einrichten
- Farb- und Stilberatung anbieten
- einen kostenlosen Computerkurs für Arbeitslose installieren
- Arbeitslosen, Rentnern und Ausländern anbieten, Behördengänge mit ihnen vorzubereiten und zu erledigen

usw.

AKTION 12

Eine offene Kirche besuchen,
möglichst zu einer Zeit,
in der kein Gottesdienst
stattfindet und sich dort
keine Touristen aufhalten.
10 Minuten die Augen schließen.

Psssst

Und versuche mal in dieser Zeit
der Stille, Gott nichts zu
erzählen, ihn um nichts zu
bitten und für nichts zu danken,
sondern halte einfach die Stille
in der Gegenwart Gottes aus!

AKTION 13

Leute, die das unternehmen, was gerade dran und wichtig ist, und Leute die Unterlassenshilfe praktizieren.
Zu welcher Seite gehörst Du?

Aktion 14

Durchschlagender Erfolg

Wenn du nicht nur glaubst,
sondern aus dem Bewusstsein lebst,
dass du durch den Tod Jesu gerechtfertigt bist,
dann hast du es eigentlich nicht mehr nötig,
Rache zu üben
und zurückzuschlagen.
Das heißt, schlagen kannst du schon:
Brücken kannst du schlagen.
Wenn du zurückschlägst mit Worten und Blicken,
mit Arroganz oder Ignoranz
machst du den anderen und dich selbst kaputt.
Wenn du beginnst, Brücken zu schlagen,
fangen vertrocknete Beziehungen wieder zu blühen an,
Menschen kommen aus ihren Löchern
und fangen wieder an zu atmen,
Menschen beginnen zu reden, zu lachen,
zu tanzen und zu feiern.
Das wäre doch toll, paradox zu leben.
Aber wer kann das schon?
Ich denke, nur der kann lernen, immer paradoxer zu leben,
der sich zutiefst geliebt, verstanden und getragen weiß.
Und nicht nur in guten Tagen.
Der, der aus der bedingungslosen Liebe Gottes heraus lebt,
kann z. B. gegen den Strom schwimmen,
widerspricht und protestiert, wo über Juden, Ausländer oder Behinderte
Witze gemacht werden.
Natürlich bekommst du dann mit einigen Probleme,
vielleicht finden sie dich nicht mehr so toll, meiden dich.
Aber was kannst du dir schon von ihrer Sympathie kaufen?
Gar nichts.

Schwimme gegen den Strom,
widersprich, protestiere,
da wo es nötig und sinnvoll ist.
Wenn alle gegen dich sind?
Was soll's, Gott ist für dich.
Wenn alle Pappnasen der Welt dich meiden,
vergiss es!
Der Schöpfer des Universums ist für dich,
stärkt deinen Rucken,
stärkt dein Selbstbewusstsein.
Der, der aus der bedingungslosen Liebe
Gottes heraus lebt,
kann selbst da Brücken schlagen
wo beim Gegenüber nur noch Sumpf
vorhanden ist.

chriskuddl | photocase.de

AKTION 15

Wer hier nicht war nicht da.*

** Wenn du in meinem Buch einen Druckfehler findest, bitte bedenke, dass er beabsichtigt war. Ich bringe für jeden etwas. Es gibt Leute, die suchen und finden überall und sofort Druckfehler, nicht nur in Büchern, sondern auch bei Menschen. Diese Leute möchte ich natürlich nicht enttäuschen. Aber wie wäre es, wenn sie ihr Augen- und Ohrenmerk nicht schwerpunktmäßig auf die Schwachpunkte, auf das Versagen legen würden, sondern auf das Gute am Menschen, auf die kleinen Schritte, auf das kleine Pflänzchen, auf das Schöne? Das wäre auf jeden Fall biblisch …*

Hast du das, was du weitererzählst, selbst miterlebt oder gibst du nur Gerüchte und gehörte Geschichten weiter?

Sprüche 12,18: Mancher Leute Gerede verletzt wie Schwertstiche, die Zunge der Weisen bringt Heilung.

Psalm 73,9: Sie reißen ihr Maul bis zum Himmel auf und lassen auf Erden ihrer Zunge freien Lauf.

Psalm 52,6: Du liebst lauter verderbliche Worte, du tückische Zunge.

Psalm 64,4: Sie schärfen ihre Zunge wie ein Schwert, schießen giftige Worte wie Pfeile.

Hiob 13,1-12: Seht, all das hat mein Auge gesehen, mein Ohr gehört und wohl gemerkt. Was ihr wisst, weiß ich auch; ich falle nicht ab im Vergleich mit euch. Doch ich will zum Allmächtigen reden, mit Gott zu rechten ist mein Wunsch. Ihr aber seid nur Lügentüncher, untaugliche Ärzte alle. Dass ihr endlich schweigen wolltet; das würde Weisheit für euch sein. Hört doch meinen Rechtsbeweis, merkt auf die Streitreden meiner Lippen! Wollt ihr für Gott Verkehrtes reden und seinetwegen Lügen sprechen? Wollt ihr für ihn Partei ergreifen, für Gott den Rechtsstreit führen? Ginge es gut, wenn er euch durchforschte, könnt ihr ihn täuschen, wie man Menschen täuscht? In harte Zucht wird er euch nehmen, wenn ihr heimlich Partei ergreift. Wird seine Hoheit euch nicht schrecken, nicht Schrecken vor ihm euch überfallen? Eure Merksätze sind Sprüche aus Staub, eure Schilde Schilde aus Lehm.

Einheitsübersetzung

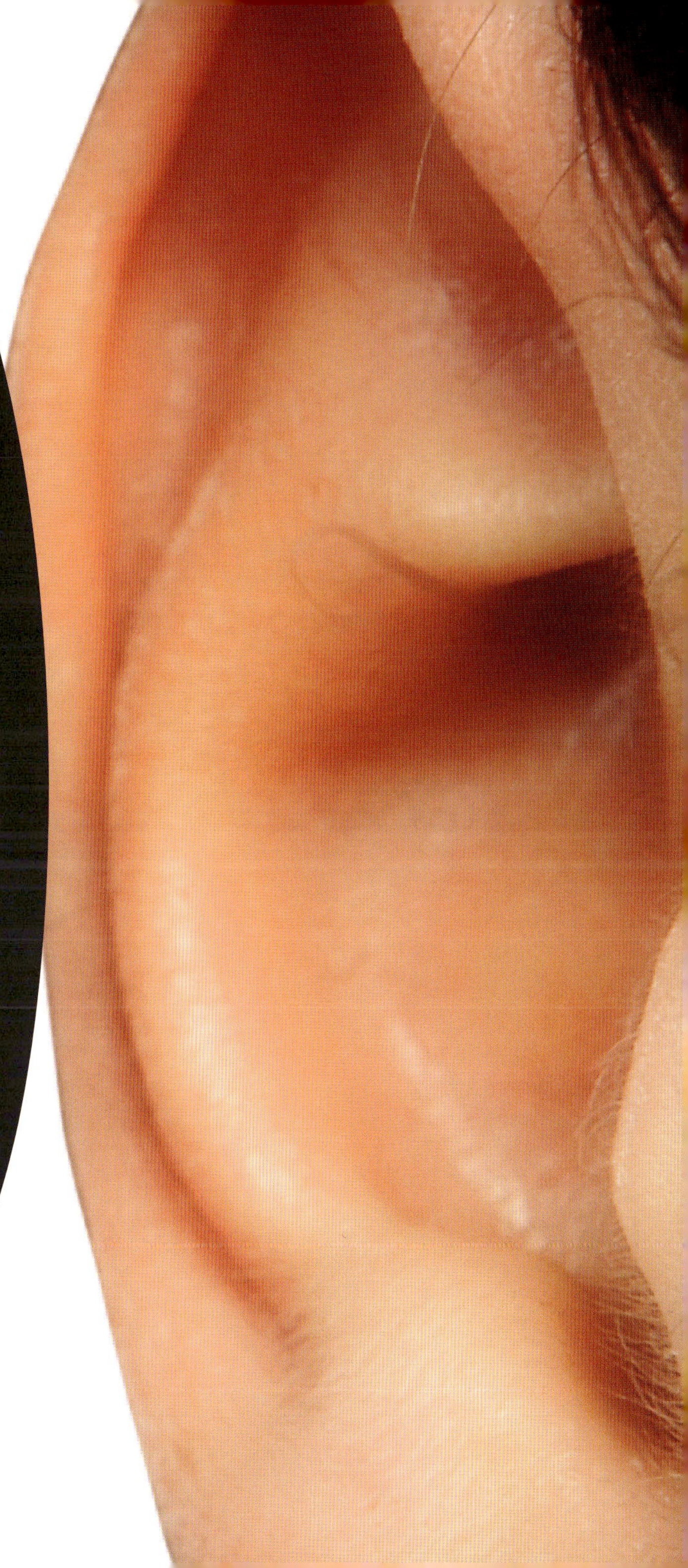

AKTION 16

LIEBESATTACKEN,

DIE DIE WELT NICHT VERÄNDERN ...

Eine Frau mit Kind im Supermarkt an der Kasse vorlassen.
In der U-Bahn einem älteren Menschen den Platz anbieten.
Einen Blinden fragen, ob man ihn eine Weile führen darf.
Einen Touristen, der offensichtlich nach dem Weg sucht, zu seinem Ziel begleiten.
Sich als Babysitter anbieten.
Einem Arbeitskollegen, der es nicht erwartet, zum Geburtstag ein kleines Geschenk überreichen.
Dem Zimmerservice im Urlaubshotel ein sattes Trinkgeld überreichen.
Den Hund des Nachbarn ausführen, während er in der Stadt Besorgungen macht.
Einen älteren Menschen regelmäßig besuchen und etwas Nettes vorlesen.

... DIE ABER SPASS MACHEN!

To be is to do

William Shakespeare

TO DO IS TO BE

RENÉ DESCARTES

Do be do be do

Frank Sinatra

**Nicht das, was wir machen,
macht unser Leben aus,
sondern wer wir sind.
Hör auf, deinen Wert in dem zu suchen, was du tust.
Jesus möchte nicht, dass wir Gebote einhalten,
sondern dass wir ihn lieben.
Daraus folgt dann im Alltag jede Menge,
aber nicht aus Zwang, Verpflichtung, Druck und Angst,
sondern aus Liebe.
Lass dich von Jesus verändern, so dass er durch dich handeln kann**

AKTION 18

Stopp

GUT AUFGELEGT

Eine ruhige, vielleicht klassische Instrumental-CD auflegen.

Kopfhörer aufsetzen und die Musik genießen.

Und versuche mal, in dieser Zeit der Stille Gott nichts zu erzählen,

ihn um nichts zu bitten und für nichts zu danken,

sondern halte einfach die Stille

in der Gegenwart Gottes aus!

AKTION 19

Liebe, die nicht von Gott autorisiert ist, ist gefälscht!
Denn Gott hat das Copyright auf Liebe!
Vorsicht vor Menschen, die nur dein Geld wollen oder deine Gedanken, oder dir deine Zeit stehlen. Manche scheinen nach außen wie Schafe, aber inwendig sind sie wie reißende Wölfe.

Deshalb lieber dreimal fragen, hinterfragen, hinter die Fassade schauen, durch-blicken, als einmal auf ein Schaf hereinfallen. Es gibt nämlich sonst zu schnell zwei Schafe: dich, weil du zu dumm warst, und das Schaf im Wolfspelz, auf das du hereingefallen bist.

Sie achteten auf die reine Lehre

und sie erreichten Sterilität.

Vielleicht hast du schon davon gehört: Wenn französische Flughafenangestellte Dienst nach Vorschrift leisten, wird alles lahmgelegt. Das nennt man dann „indirekten Streik“. Weil sie alle Regeln und bürokratischen Feinheiten beachten, die sie sonst übergehen und übersehen, dauert alles so unendlich lang, dass nichts mehr vorwärts geht. Ist ja verrückt, die Fluglotsen legen den Flugverkehr nicht lahm mit Dienst „gegen die Vorschrift“, sondern „nach Vorschrift“.

Wahnsinn!
Paradox!
Widersprüchlich!
Unlogisch!

Die Quadratur des Kreises?!
Die Bibel spricht auch von Dienst nach Vorschrift, in Römer 7,6: Aber jetzt sind wir von diesen Zwängen frei, denn für das Gesetz sind wir tot. Deswegen können wir Gott durch seinen Heiligen Geist in einer völlig neuen Weise dienen und müssen uns nicht länger an die Buchstaben des Gesetzes klammern. (Hoffnung für alle)

Wer den Standard und die Norm erfüllt und glaubt, das ist es, legt Glauben lahm. Dienst oder Glauben nach Vorschrift ist wie eine Formel, die richtig ist und vielleicht auch gut aussieht, von der aber keiner leben kann, von der keiner satt wird. Wer denkt, es käme auf die Gebote an, hat das Leben nicht verstanden.

Wobei ja niemand etwas gegen den Standard und die Gebote sagt. Sie sind die Grundlage, aber noch nicht das Leben. Sie reichen nicht aus. Erst wenn ich Jesus folge, werden die Gebote, die Norm plötzlich lebendig. Dann gibt es kein Christsein mehr nach Vorschrift, sondern nach Ermessen, nach seinem Ermessen.
Sein Ermessen ist gerecht, es wird uns gerecht. Jesus reagiert so, wie wir es brauchen, nicht so, wie der Maßstab, der Standard, es vorhersagt. Jesus hat damals ganz unterschiedlich auf Leute reagiert: Das heißt, sein Ermessen richtet sich immer nach dem, was wir benötigen und wie wir Hilfe, Antwort und Orientierung brauchen. Dass Jesus individuell auf unsere Fragen, Probleme und Bedürfnisse eingeht, hilft uns, den Spurwechsel vorzunehmen.

Doch das kann auch verunsichern. Ich kann mich nicht mehr an Äußerlichkeiten festhalten, an Regeln und Maßstäben, sondern muss mich mit meinem Leben diesem wandernden Jesus anschließen, muss flexibel bleiben, wenn ich ans Ziel kommen will. Ich kann nicht vorhersagen, wie Jesus reagieren wird. Ich habe nichts in der Schublade, was ich rausholen kann. Reicht es aus, wenn ich jeden Morgen Stille Zeit mache, mein frommes schlechtes Gewissen beruhige, wenn ich den Gottesdienst, den Hauskreis besuche, wenn ich vor dem Essen bete?

Es reicht nicht aus. Und das ist auch der Grund, warum so viele Christen unglücklich sind. Sie haben den Standard erfüllt, ihr Christsein läuft wie eine Ehe auf dem Papier, wo keiner fremdgeht, aber auch keine Kommunikation mehr stattfindet. Christsein ist zum christlich abendländischen oder auch evangelikalen Kulturgut verkommen. Jesus geht es nicht um die Einhaltung bestimmter Regeln, sondern um meine Herzenshaltung zu ihm. Nicht die Stellung ist entscheidend, sondern meine Einstellung. Jesus geht es um Liebe, um eine Beziehung zu uns, ein Verhältnis. Er möchte keine Organisation, sondern Organismus, und das hat etwas mit Leben zu tun.

Diese Liebe und diese Beziehung verändert alles,
mein Denken,
mein Wesen,
mein Handeln,
meinen Fahrstil,
meinen Umgang mit Finanzen,
mein Zeitmanagement,
mein Freizeitverhalten,
meine Einstellung zu Behinderten und Ausgegrenzten,
meinen Umgang mit dem anderen Geschlecht,
meine Wertvorstellungen,
mein Kaufverhalten,
meine Hobbys,
usw.

Aktion 21

Bio? – Logisch!

Luther:
„Wenn morgen die Welt unterginge, würde ich heute noch einen Apfelbaum pflanzen."

Wenn du diesem Satz zustimmen kannst, warum tust du es dann nicht?! Kaufe dir doch mal in einer Gärtnerei einen kleinen Baum und pflanze ihn an eine Stelle, wo er gut hinpasst.
Bäume sind gesund.

Wenn du denkst, dass der Weltuntergang nicht bevorsteht, kannst du ja mit dem Baum noch etwas warten …

Aktion 22

STOPP!

Warum, die sind doch hier schon alle still?!

Aktion 23

„Hat man dir schon gesagt, dass du gut aussiehst?"
„Nein."
„Wird auch keiner!"

Wir Deutsche sind Weltmeister im Rummeckern und Kritisieren. Nimm dir doch mal vor, ein Jahr lang jede Woche irgendeiner Person ein Kompliment zu machen. Wenn das Loben immer mehr Teil deiner Persönlichkeit geworden ist, steigere dich langsam, bis du jeden Tag einem Menschen dankst oder ihm etwas Positives sagst. Das ist übrigens ein biblisches System:

Philipper 4,8:
Schließlich, Brüder: Was immer wahrhaft, edel, recht, was lauter, liebenswert, ansprechend ist, was Tugend heißt und lobenswert ist, darauf seid bedacht!
Einheitsübersetzung

Römer 12,17-21:
Vergeltet niemand Böses mit Bösem! Seid allen Menschen gegenüber auf Gutes bedacht! Soweit es euch möglich ist, haltet mit allen Menschen Frieden! Rächt euch nicht selber, liebe Brüder, sondern lasst Raum für den Zorn (Gottes); denn in der Schrift steht: Mein ist die Rache, ich werde vergelten, spricht der Herr. Vielmehr: Wenn dein Feind Hunger hat, gib ihm zu essen, wenn er Durst hat, gib ihm zu trinken; tust du das, dann sammelst du glühende Kohlen auf sein Haupt. Lass dich nicht vom Bösen besiegen, sondern besiege das Böse durch das Gute!
Einheitsübersetzung

2. Korinther 2,14+15:
Dank sei Gott, der uns stets im Siegeszug Christi mitführt und durch uns den Duft der Erkenntnis Christi an allen Orten verbreitet. Denn wir sind Christi Wohlgeruch für Gott unter denen, die gerettet werden, wie unter denen, die verloren gehen.
Einheitsübersetzung

Epheser 4,29-32:
Lasst ja kein giftiges Wort über eure Lippen kommen! Seht lieber zu, dass ihr für die anderen, wo es nötig ist, ein gutes Wort habt, das weiterhilft und denen wohl tut, die es hören. Beleidigt nicht durch euer Verhalten den Heiligen Geist! Er ist wie ein Siegel, das Gott euch aufgedrückt hat, und er verbürgt euch die endgültige Erlösung. Weg also mit aller Verbitterung, mit Aufbrausen, Zorn und jeder Art von Beleidigung! Schreit einander nicht an! Legt jede feindselige Gesinnung ab! Seid freundlich und hilfsbereit zueinander und vergebt euch gegenseitig, was ihr einander angetan habt, so wie Gott euch durch Christus vergeben hat, was ihr ihm angetan habt.
Gute Nachricht Bibel

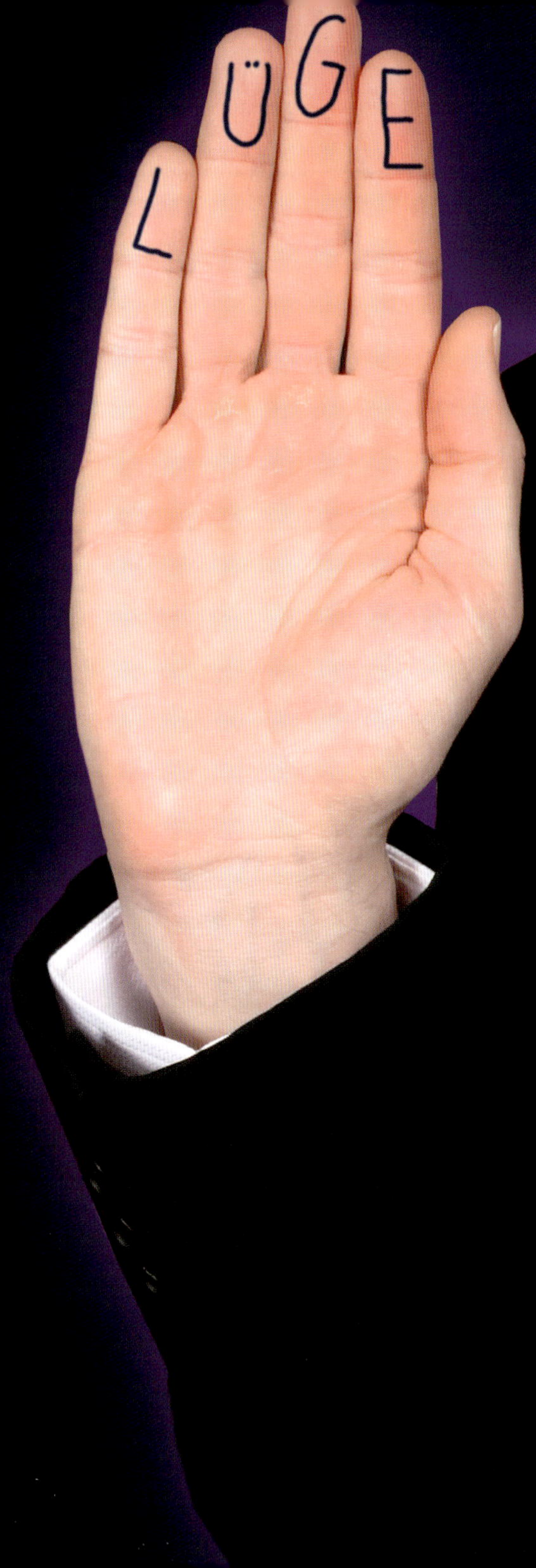

Was Politiker, Manager, Vorstandsvorsitzende und andere aus den Wörtern „Lüge" und „Unwahrheit" machen und gemacht haben:

- Fehler
- Fortsetzung eines Fehlers
- Eine falsche Information
- Kleinere Fehltritte
- Unterschiedliche Auffassungen
- Eine falsche Spur
- Eine Dummheit

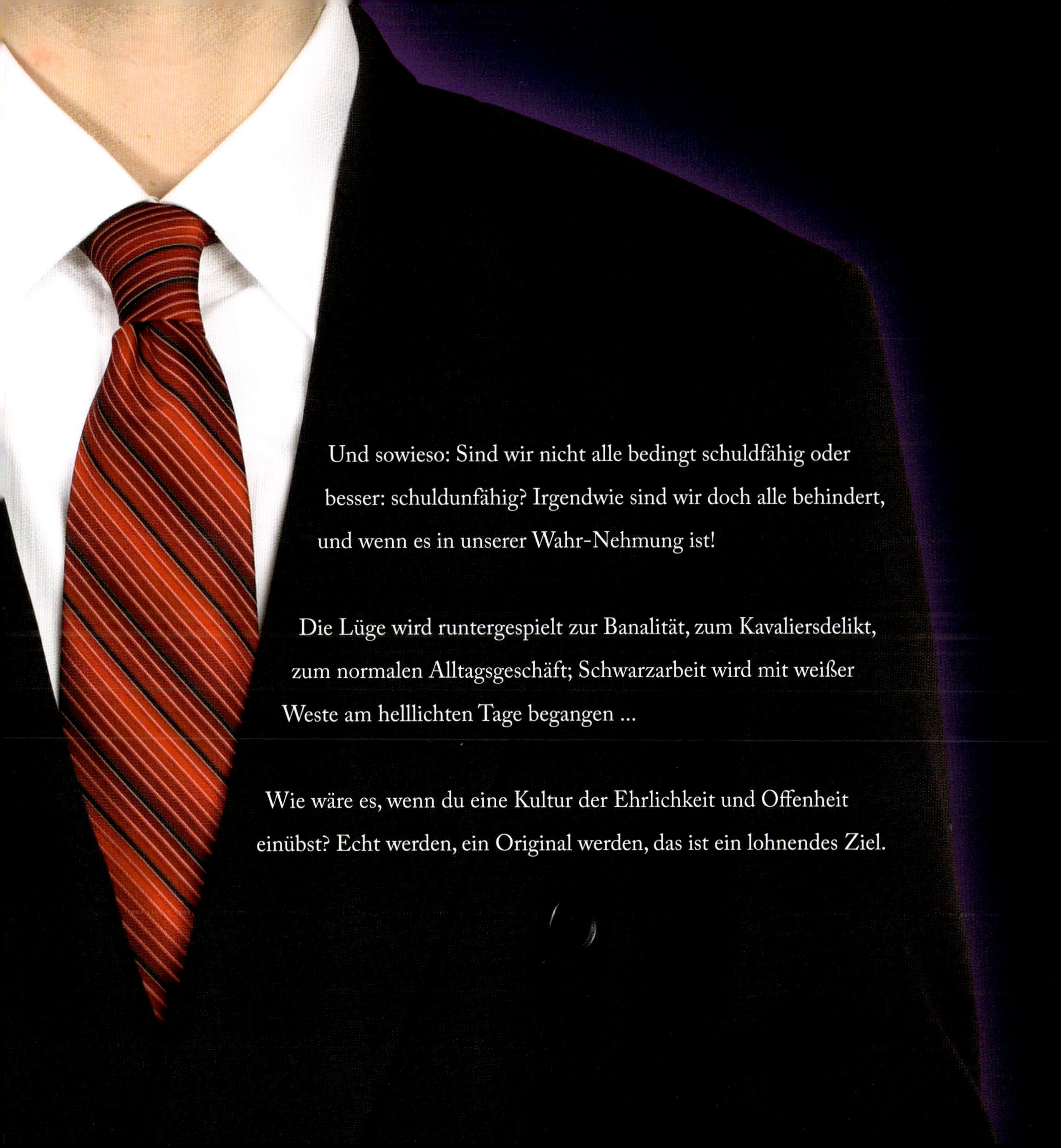

Und sowieso: Sind wir nicht alle bedingt schuldfähig oder besser: schuldunfähig? Irgendwie sind wir doch alle behindert, und wenn es in unserer Wahr-Nehmung ist!

Die Lüge wird runtergespielt zur Banalität, zum Kavaliersdelikt, zum normalen Alltagsgeschäft; Schwarzarbeit wird mit weißer Weste am helllichten Tage begangen ...

Wie wäre es, wenn du eine Kultur der Ehrlichkeit und Offenheit einübst? Echt werden, ein Original werden, das ist ein lohnendes Ziel.

Aktion 25

Zu Recht wird artgerechte Haltung für Hühner gefordert, aber wie sieht artgerechte Haltung für Kinder aus?

Habe Mut, dich für eigene Kinder zu entscheiden! Es lohnt sich, dein Geld, deine Kraft, Kreativität und Zeit in einen neuen Menschen zu investieren, der dann als gereifte Persönlichkeit in diese Gesellschaft entlassen wird.

Argumente für eine Arbeitsstelle, statt vollzeitig für das oder die Kinder da zu sein:
Die Arbeit mit Kindern ist oft lästig.
Die Arbeit als Sekretärin nicht?
Die Arbeit mit Kindern ist oft nervig.
Die Arbeit als Lehrer nicht?
Die Arbeit mit Kindern bringt mich schon manchmal an die Grenze der Belastbarkeit.
Die Arbeit als Managerin nicht?
Die Arbeit mit Kindern ist oft gleichförmig und fordert mich als Frau nicht genügend heraus.
Die Arbeit als Kassiererin bei Aldi nicht?
Die Arbeit mit Kindern ist oft eintönig.
Die Arbeit bei VW am Fließband nicht?
Du bekommst kaum Anerkennung bei der Arbeit mit deinen Kindern.
Gibt es als Hausärztin mehr Anerkennung?
Du bekommst kein Geld für deinen Einsatz für Kinder.
Okay, das ist der einzige Vorteil, den eine Frau hat, die sich für bezahlte Arbeit statt für Kinder entscheidet. Und das ist auch der nicht nachvollziehbare strukturelle gesellschaftliche Undank gegenüber der Arbeit in der wichtigsten Zukunftswerkstatt. Aber es ist schon merkwürdig, des Merkens würdig, dass in unserer Prioritätenliste Geld vor Menschen kommt.

Du kannst dazu beitragen, dass geliebte und wertgeschätzte Persönlichkeiten in die Gesellschaft entlassen werden.
Du kannst aber auch dazu beitragen, z. B. als Verkäuferin bei H&M, dass die Umsätze immer mehr steigen und die Eigentümer oder Aktionäre sich noch weitere Häuser im Tessin leisten können …
Du hast die Wahl!*

* Jeder prüfe sich selbst, ob der obige Text auf ihn zutrifft.
Muss ich wirklich arbeiten, um zu überleben und einigermaßen über die Runden zu kommen. Dann blättere gelassen weiter.
Oder arbeite ich, um den geborgten Wohlstand zurückzuzahlen, dreimal im Jahr in Urlaub fahren zu können und um den Lebensstandard ständig zu steigern? Dann häng dir den Text übers Bett!

PS.:

Bisher wurde das Erziehungsgeld gezahlt, um Familien nach der Geburt eines Kindes zu entlasten, wenn sich ein Elternteil um die Erziehung und Versorgung des Kindes kümmert. Ab 2007 erhalten Frauen einen Einkommensersatz für den Gehaltsverlust, der durch die Geburt eines Kindes entsteht. Im Vordergrund steht also das Einkommen der betroffenen Person und nicht das Kind, das versorgt werden soll. Das nennt man Paradigmenwechsel.

Aktion 26

Auszeit

Abends in deinem Zimmer alle Geräusche ausstellen (TV, Radio, Gebläse, Heizungsgeräusche, Uhrticken; die Türen schließen, die Spülmaschine in der Küche auf „Pause“ stellen, den Trockner im Nebenzimmer kurz ausstellen, Telefon ausstecken, das Licht in deinem Zimmer ausschalten und zehn Minuten auf dem Sofa sitzen und die Stille genießen.

Und versuche mal, in dieser Zeit der Stille Gott nichts zu erzählen, ihn um nichts zu bitten und für nichts zu danken, sondern halte einfach die Stille in der Gegenwart Gottes aus!

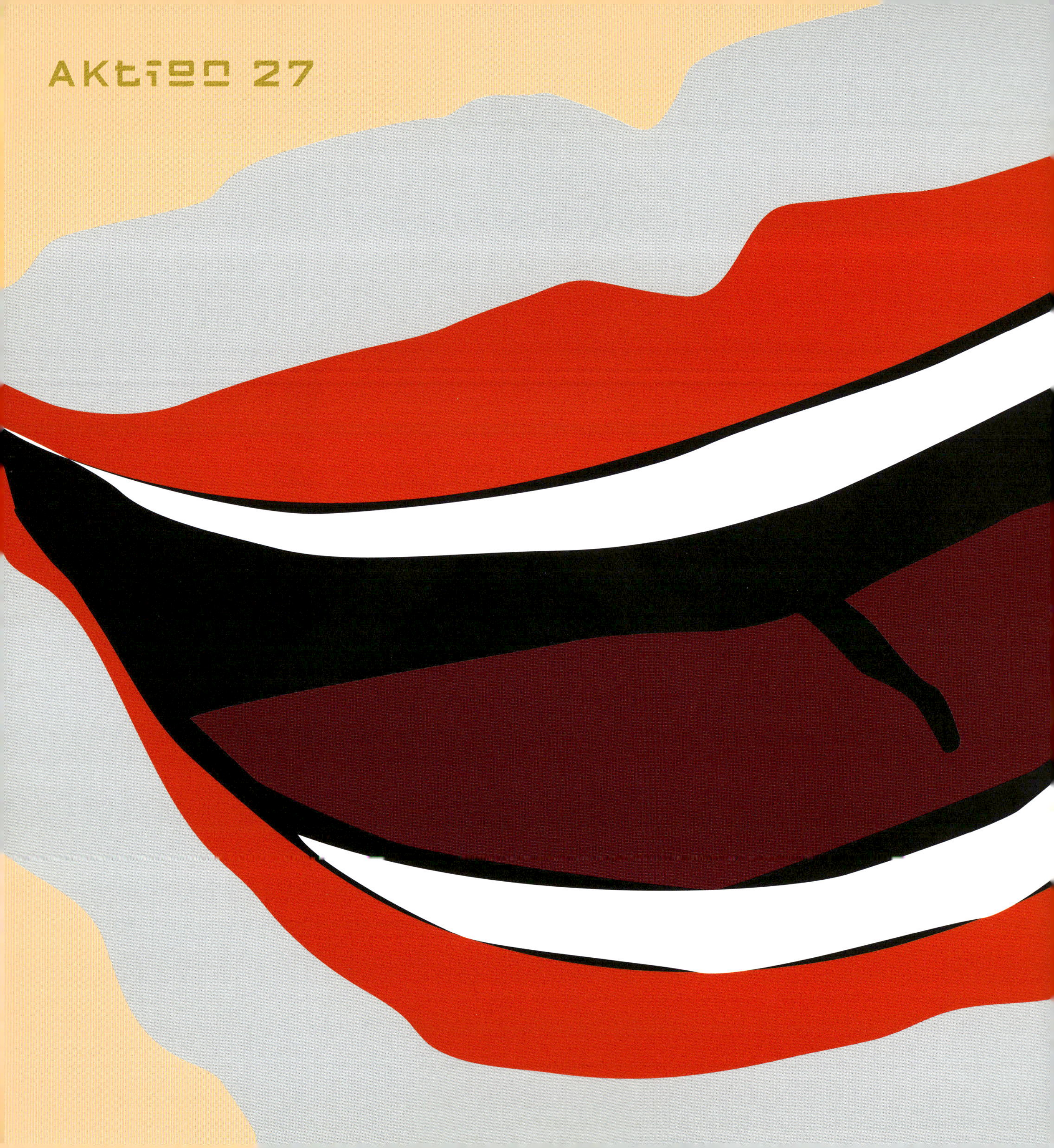
AKtion 27

Wenn du Gott lachen hoeren willst, dann erzaehl ihm von deinen Plaenen.

Teile Gott deine Wünsche, Pläne und Bitten mit, aber überlasse ihm den Zeitpunkt und die Art, wie, wann und wo er darauf reagiert.

Aktion 28

Selbstbewusstsein

ODER

Wie ist das mit uns Christen?

- **Jesus ist unser Anwalt.**
- **Er hat uns einen Platz bei Gott reserviert.**
- **Dieser Platz ist uns sicher, wir brauchen ihn uns nicht mehr zu erkämpfen.**
- **Bei ihm kommen wir nicht zu kurz, bei ihm und durch ihn kommen wir zu unserem Recht.**

Wenn du das nicht nur glaubst, sondern in diesem Bewusstsein auch immer mehr lebst, bekommst du ein Gottesbewusstsein, das dein Selbstbewusstsein radikal auf den Kopf stellt. Du kannst dir plötzlich alles Mögliche „leisten“:

- **Lass andere über dich lachen, weil du einen**

Gottesbewusstsein?

frommen Aufkleber am Auto hast. Du bist ja nicht mehr von ihrer Anerkennung abhängig.

- Du kannst behinderte Menschen pflegen oder besuchen, ohne dass es jeder mitbekommt, weil du nicht mehr von dem Lob anderer abhängig bist.
- Du kannst dir Fehler eingestehen, weil du von Gott mit deinen Fehlern geliebt wirst.
- Du kannst anderen Autofahrern die Vorfahrt lassen, weil du nicht mehr immer der Erste sein musst.
- Du kannst lernen, freizügig mit deinem Geld umzugehen, andere, die am Existenzminimum darben, an deinem Wohlstand teilhaben zu lassen, weil Gott deine Sicherheit ist und nicht dein Bankkonto.
- Du beginnst langsam, deine Feinde zu lieben, weil deine Liebe immer weniger von deinen Gefühlen gespeist wird, sondern von Gott selbst.
- Du kannst dreckige und sterbende Menschen trösten, streicheln und lieben, wie Mutter Teresa in Kalkutta, weil die Liebe Gottes in dir dich treibt.
- Du kannst es dir sogar leisten, erschossen zu werden, wie Martin Luther King, aber soweit sind wir noch nicht, fang erstmal oben an zu üben, eins nach dem anderen ...

Aktion 29

Lieber Gott,

du bist doch ein Vater.
Dann sorge bitte dafür,
dass es mir gut geht.

SORGE DAFÜR, dass ich beliebt bin und einen geachteten Namen bekomme.
Sorge dafür, dass ich gut abschneide und in meinem Beruf vorwärtskomme.
Ich will mir doch einmal ein eigenes kleines Reich leisten können. Ein Häuschen und eine Familie.
Sorge dafür, dass ich erreiche, was ich mir vornehme.
Ich will dann auch hin und wieder etwas tun, was du willst.
Vom Brot allein kann niemand leben, das weißt du.
Gib mir immer das nötige Geld, damit ich so leben kann wie die anderen, die sich auch alles leisten können.
Ich weiß zwar nicht, was an mir nicht recht sein soll, ich bin immer anständig gewesen, aber wenn doch das eine oder andere nicht ganz in Ordnung war, dann wirst du mir das schon verzeihen.
Und sorge auch dafür, dass die anderen mir nichts zuleide tun, denn das hätte ich nicht verdient.
Manchmal, das weißt du, möchte ich schon gerne etwas Verbotenes tun.
Sorge dafür, dass ich es nicht tue.
Es liegt ja an dir, ob ich es tue oder nicht.
Die Versuchung kommt letztlich doch von dir.
Noch eines, das ist ganz wichtig, lieber Gott, dafür musst du sorgen:
Dass ich nie krank werde, dass ich nie ein Unglück erlebe, keinen Unfall mit meinem Auto baue.
Dass ich keine Schmerzen habe und dass ich einmal, wenn ich sterbe, nichts davon merke.
Du bist doch Gott.
Sie sagen: Der liebe Gott.
Dann sorge dafür, dass es mir gut geht.
Denn sonst habe ich Angst vor morgen und vor dem kommenden Jahr und vor dem Tod und vor den Schmerzen und vor den anderen Leuten.
Sorge dafür, denn es gibt ja auch für dich nichts Wichtigeres als mich. Amen!

Gottes Kontrastprogramm:

Matthäus 6,33: Trachtet aber zuerst nach dem Reich Gottes und nach seiner Gerechtigkeit! Und dies alles wird euch hinzugefügt werden. (Elberfelder)

Hallo! Ist dir eigentlich klar, dass Gott nicht dein Gehilfe ist, dein Laufjunge, dein Automat? Wir sind Gottes Gehilfen, wir sind seine Laufjungen oder besser Stolperkinder – nur gut, dass Gott unendliche Geduld hat und nicht mit einer Peitsche hinter uns herläuft und uns antreibt! Wir werden damit geadelt, dass wir am Reich Gottes mitbauen dürfen, dass wir im Team Gottes sind.

Dabei kann es passieren, dass wir in der Gesellschaft manchmal wie Putzlappen behandelt werden oder wie der letzte Dreck. Gut, dass Gott uns immer wieder reinigt, uns recycelt, uns wieder zu Menschen mit Würde macht.

STOPP!

Das gesammelte Schweigen von Arno Backhaus …

25 JAHRE LERNEN, KAUFEN,

Die ersten 25 Jahre

geht man in den Kindergarten, in die Schule, an die Uni, in die Lehre, um zu lernen, wie man in den …

… nächsten 25 Jahren

Sachen kauft, Computer, Waschmaschinen, Möbel, Autos, Häuser, die man dann in den …

WEGWERFEN

… letzten 25 Jahren seines Lebens
wegwirft, an die Kinder und andere Personen vererbt, spendet oder bei ebay vertickt.

Wie, und das soll der Sinn des Lebens sein: 25 Jahre lernen, wie man Sachen kauft, um sie dann anschließend tatsächlich zu erwerben und sie am Ende dann doch alle wieder loszulassen?! Das kann doch keiner ernst nehmen, oder?
Alles wird früher oder später sterben und kaputtgehen. Das Einzige, das eine Ewigkeit hält, ist laut Bibel die Seele des Menschen. Wie wäre es, wir würden ab sofort verstärkt in Menschen investieren und Materie erst an die 3., 4. oder 5. Stelle setzen?!

TIPP: WWW.MICHA-INITIATIVE.DE

Gottes
Apotheken=
Tipp

Beten, Danken, Segnen und Vergeben

Aktion 33

Biblische Korruption erlaubt?

Es gibt wenige, die werden immer reicher, wohingegen die Armen immer zahlreicher werden. Wenn du schon reich bist, dann mach dir doch mit dem Mammon Freunde, so wie es in der Bibel steht:

Lukas 16,9: „Ich sage euch“, forderte Jesus seine Jünger auf, „nutzt das leidige Geld dazu, durch Wohltaten Freunde zu gewinnen. Wenn es mit euch und eurem Geld zu Ende geht, werden sie euch in der neuen Welt Gottes in ihre Wohnungen aufnehmen.“ *(Gute Nachricht Bibel)*

- Schenke jemandem, der gerne liest, ein Buch.
- Mach einer Person eine Freude mit einen Blumenstrauß.
- Lade ein älteres Ehepaar zum Kaffeetrinken in ein nettes Café ein.
- Schenke einem frisch verheirateten Paar ein Eheseminar (Adressen siehe Anhang).
- Verleih dein Auto an einen Studenten.
- Frag einen Single, ob er Lust hat, sich mit dir den Garten zu teilen.
- Sei großzügig, wenn es um Spenden geht.
- Überrasche einen Menschen, der arbeitslos geworden ist, und finanziere ihm einen kleinen Urlaub.
- Gib einem Kind auf der Straße ein Eis aus.
- Schenke deinem Nachbarn ein Abo für eine Zeitschrift (Adressen siehe Anhang).
- Lade deinen Arbeitskollegen zu einem Bowlingabend ein, einfach so, ganz ohne Anlass.
- Leih einem jungen Menschen deine teure Digitalkamera.
- Gib der Bedienung im Restaurant ein großzügiges Trinkgeld.

BURN
OUT

Wenn alle nur das Bisschen machen würden, was Gott ihnen anvertraut hat, müssten wenige nicht so viel tun.

Worin liegt der Unterschied zwischen Gott und Bill Gates?

Wir spielen uns auf als die Besseren, Klügeren, Schnelleren, Intelligenteren. Wie wäre es, du würdest barmherziger mit den Macken anderer umgehen und ehrlicher mit deinem eigenen Versagen?

Gott weiß, dass er nicht Bill Gates ist.

Aktion 36

Achte auf deine Gedanken!

Sie werden zu Worten.
Achte auf deine Worte!
Sie werden zu Taten.
Achte auf deine Taten!
Sie werden zu Gewohnheiten.
Achte auf deine Gewohnheiten!
Sie prägen deinen Charakter.
Achte auf deinen Charakter!
Er wird dein Ziel bestimmen.

PLACEB

... NENNT MAN DIE MENSCHEN, DIE FLEISSIG KIRCHENSTEUER ZAHLEN, SICH KIRCHLICH TRAUEN UND BEERDIGEN LASSEN, ABER NICHTS VON GOTT, GLAUBE UND KIRCHE HALTEN.

P.S. Es gibt Menschen, die in ihrem Leben nur viermal in die Kirche gehen. Zweimal davon werden sie getragen.

Aktion 38

Sich in den Garten auf den Rücken legen und
15 Minuten den Wolken hinterher träumen.

Und versuche in dieser Zeit der Stille, Gott nichts
zu erzählen, ihn um nichts zu bitten oder für
nichts zu danken, sondern halte die Gegenwart
Gottes aus!

Aktion 39

Das missionarische

Antworte nicht allwissend, sondern behutsam, und nicht auf Fragen, die dir nicht gestellt wurden. Du verärgerst und verängstigst sonst nur.

Besserwisser machen ein Gespräch sehr schwer. Ein besseres Wissen gewinne ich durch Bibelfestigkeit und Bescheidenheit.

Christlich ist nicht nur das, was ich mit dem Mund bekenne, sondern vor allem das, was ich mit den Händen und dem Herzen bezeuge.

Dauerredner drängen den Gesprächspartner in die Defensive und nehmen ihm allen Mut, seine drückenden Fragen darlegen zu dürfen.

Eifer war schon immer ein schlechter Einstieg. Ernstnehmen, was der andere anbringt und ablehnt, erschließt Einsichten und schafft Ehrlichkeit.

Falsche, weil zu forsche Antworten, ersticken die Fragen des anderen. Fertige Antworten sind ein Zeichen von der Unfähigkeit, wirklich hinzuhören.

Gefühle, die der Gesprächspartner nicht verbergen kann (Zorn, Freude, Angst etc.), gütig und gerne annehmen.

Hören können ist besser als reden wollen. Harte Herzen öffnen sich, wenn sie Zeit zum Reden bekommen.

Ich-Antworten, z. B.: Ich kenne das ..., ich auch ..., ich viel schlimmer ..., geben dem anderen das Gefühl, in seiner Situation nicht ernst genommen zu werden.

Jemandem Jesus groß machen wird nicht gelingen, wenn ich ihn zuvor klein gemacht oder mich seiner geschämt habe.

Konflikte löst man nicht mit „bewährten" Ratschlägen und Patentlösungen, sondern indem man gemeinsam sucht und sich Mut macht, , dass man Lösungen finden kann.

Launischen Menschen mit Langmut begegnen heißt, ihnen lächelnd von den eigenen Launen erzählen und wie man sie überwindet.

Maßstäbe, die ich gefunden habe, die zu mir gehören und die ich für richtig halte, dürfen nie zum Maß werden, mit dem ich den anderen messe.

Niemals einem anderen ins Wort fallen, um endlich auch etwas sagen zu können. Solche Worte fallen meistens in ein Niemandsland und werden nicht gehört.

Opfer sollten wir immer wieder bringen. Wer nur an sich selbst und seine eigene Bequemlichkeit denkt, wird niemanden erreichen können.

Partei für den einen und gegen den anderen sollte man nicht ergreifen. Beiden soll doch geholfen werden.

Gesprächs-Alphabet

Quälende Ausfragereien verleiten zu Halbwahrheiten oder verschließen den Mund des anderen ganz. Befreiende Bekenntnisse sind freiwillig.

Randsiedler der Gemeinde sind oft gerade wegen der Gemeinde, ihrem Pastor und Christen „ausgesiedelt", die ihnen lieblos begegnen. Sie fühlen sich außen vor, übersehen, in die Ecke gestellt. Begegne ihnen besonders liebevoll.

Schwäche in Glaubens- und Lebensfragen zu bekennen, ist hilfreicher, als Stärke zu markieren. So kann Vertrauen wachsen.

Tonfall, Temperament und Tempo meiner Sprache sind die Welle, auf der der andere empfängt oder abschaltet.

Ungeduld gegenüber den so genannten „Unansprechbaren" ist kein Zeichen von Glauben, sondern Unglauben. Jahrelange Begleitung und kleine Schritte helfen.

Vorurteile und Fangfragen sollte man kennen, sammeln und im passenden Augenblick ebenso schlagfertig beantworten.

Wichtiger als mein Reden mit Menschen über Gott ist mein immer wiederkehrendes Reden mit Gott über die zu besuchenden Menschen.

X-mal gescheitert zu sein bei dem Versuch, mit einem Menschen ins Gespräch zu kommen, ist kein Grund, es aufzugeben.

Ysop ist im Alten Testament (2. Mose 12,22.23 und Psalm 51,9) die reinigende Kraft der Vergebung. Nur wer sie erfahren hat, kann sie anderen bezeugen.

Zugezogene in der Gemeinde sollten nicht von „Stammbürgern", sondern von „Zugezogenen" besucht werden. Einheimische Zugkraft ist leider oft sehr schwach. Erst kürzlich hinzugekommene Mitglieder können meistens noch besser begeistern.

JES

Man kann den Frühjahrsputz auch übertreiben!

Aktion 41
EHEPASS

Trau dich!

Ein Polizist kontrolliert einen Angler am Bach und fragt nach dem Angelschein.

„Hab keinen“, antwortet der Angler.

„Sie können aber doch nicht ohne Angelschein angeln“, sagt der Polizist.

„Doch, ich mach das immer mit einem Wurm!“

Es ist ja schon irgendwie verrückt:

Zum Angeln brauchst du einen Angelschein.

Um Auto fahren zu dürfen, benötigst du einen Führerschein.

Um Mitglied in einer evangelischen Kirche zu werden, musst du die Konfirmandenstunden besucht haben.

Nur heiraten kannst du einfach so ins Blaue. Ohne vorher ein Eheseminar besucht haben zu müssen, ohne einen Persönlichkeitstest gemacht zu haben. Keiner gibt dir Tipps oder Ratschläge, keiner sagt dir, was auf dich zukommt, was dich erwartet.

Spiel nicht russisches Roulette mit der Ehe, das Risiko ist zu groß und die vertane Chance zu schade.

Es lohnt sich, in eine Ehe zu investieren. Du hast die Kraft der doppelten Herzen, wenn deine Ehe „in Takt“ ist. Das heißt nicht, keine Konflikte zu haben, sondern mit den Konflikten konstruktiv umzugehen. So was muss man aber erst lernen. Deshalb informiere dich vor der Ehe oder auch schon als alter Ehehase. (Adressen von Veranstaltern, die Ehekurse anbieten, siehe Anhang.)

Wusstest du, dass du Gebühren und Kosten, die bei einer Ehescheidung anfallen, von der Steuer absetzen kannst? Ehe-Therapie, Ehe-Kurse und Ehe-Seelsorge dagegen kannst du leider nicht absetzen. Eigentlich müsste man ja die Politiker absetzen, die solche Gesetze in die Welt setzen, aber leider ist die politische Alternative auch nicht besser ...

Ein kleiner Junge sagte abends zu seinen Eltern: „Ich bete jetzt, braucht ihr etwas?“

Traust du dich, Gott um Kleinigkeiten zu bitten, oder denkst du, dafür hat er keine Zeit? Schaffst du es, auch Banalitäten mit Gott zu „verhandeln“, oder denkst du, das ist für Gott zu blöde?

AKTION 43

MUTPROBE FÜR ATHEISTEN

DER GEHN-TEST: EIN JAHR MIT JESUS GEHN!

LukaNika | photocase.de

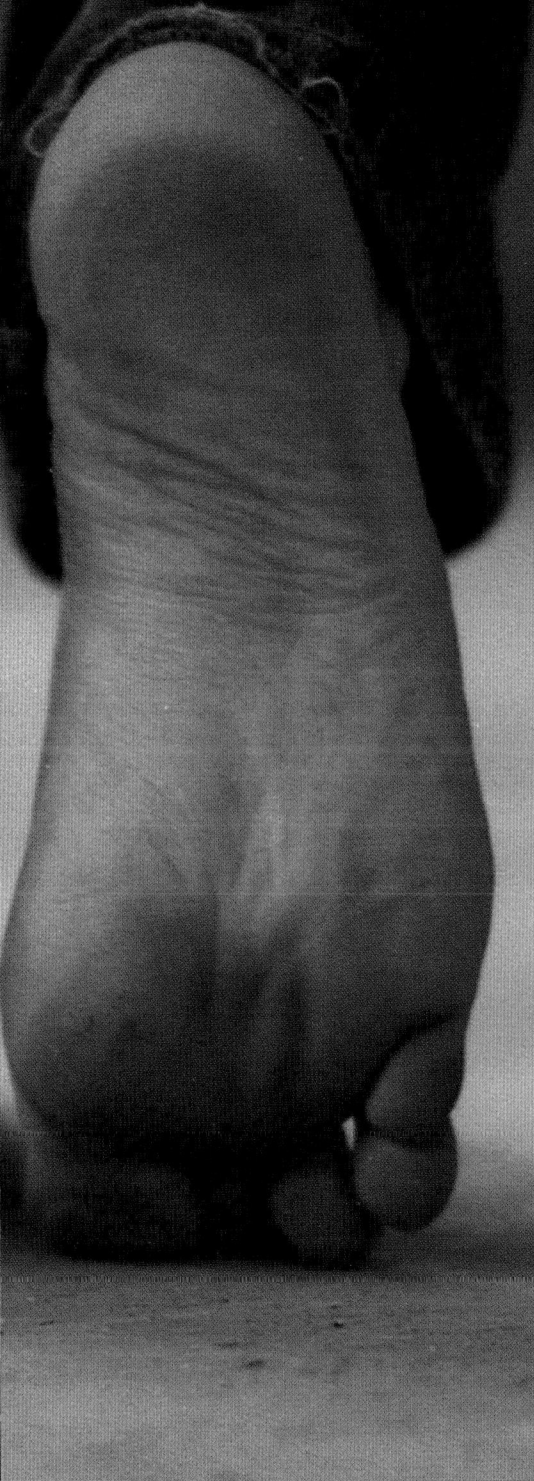

BESORG DIR EIN NEUES TESTAMENT, AM BESTEN „DIE GUTE NACHRICHT“ ODER „HOFFNUNG FÜR ALLE“.

NIMM DIR FÜR DEN TEST GENAU EIN JAHR ZEIT.

STELL DIR IN DIESEM JAHR VOR, DASS ES GOTT WIRKLICH GIBT, DASS MAN WIRKLICH MIT JESUS KOMMUNIZIEREN KANN (Z.B. DURCH GEBET), DASS DER HEILIGE GEIST DICH IN ALLE WAHRHEIT LEITET UND DASS DAS, WAS IN DER BIBEL STEHT, WIRKLICH WAHR IST (UND NICHT NUR SYMBOLISCH GEMEINT).

VERSUCHE, SO KONSEQUENT WIE MÖGLICH, ABER NICHT PEINLICH ZWANGHAFT, DAS ZU LEBEN, WAS DU AUS DER BIBEL HERAUSLIEST UND VERSTEHST. MACH ALLES SO UNVERKRAMPFT WIE MÖGLICH.

BEOBACHTE IN DIESER ZEIT, WAS MIT DIR UND ANDEREN IN DEINEM UMFELD PASSIERT.

NACH GENAU EINEM JAHR ZIEHST DU BILANZ (AM BESTEN MIT EINER ANDEREN PERSON, DIE DICH DAS GANZE JAHR ÜBER BEOBACHTET HAT), OB ES SICH LOHNT, WEITER MIT DIESEM JESUS ZU LEBEN, ODER DU WIEDER ZU DEINEM KLAREN ATHEISMUS ZURÜCKKEHREN WILLST.

Aktion 44

Unterhalten sich zwei Teilnehmer
eines Exerzitienwochenendes:
„Und – bist du schon in dich gegangen?“
„Ja – da war nix los!“

Wie wäre es mit jährlichen Einkehrtagen, Zeiten, in denen man lernen kann, aus der Stille heraus zu handeln: Anbieter von solchen Tagen finden sich im Anhang.

AndreasFranke | photocase.de

Gesagt
Gehört
Verstanden
Einverstanden
Angewandt

ist n

icht

gehört.
verstanden.
einverstanden.
angewandt.
beibehalten.

Aktion 46

Und das haben bewusste Christen, die diesem Jesus glaubten, bewirkt:

Ende der Sklaverei,

Achtung der Menschenwürde,

Wahrung der Menschenrechte,

Freiheit der Persönlichkeit,

Schutz und Förderung von Ehe und Familie,

Ausbau des Rechts- und Gesundheitswesens,

Recht auf Bildung und Schutz der sozial Schwachen,

Belohnung von Fleiß,

Wertschätzung der Frau und Mutter

usw.

Aktion 47

Alter, du siehst ganz schön alt aus!

Wie wäre es, wenn du ältere Menschen ab jetzt immer besonders zuvorkommend behandeln würdest?

Hilf ihnen freundlich in den Mantel.

Frage, ob du sie über die Straße bringen kannst.

Halte ihnen die Tür auf.

Sage ihnen etwas Nettes.

Erfreue sie mit einer kleinen Aufmerksamkeit (z. B. mit einer Blume oder einer aufmunternden Spruchkarte).

Frage, ob du ihnen vom Einkaufen etwas mitbringen kannst.

Denke daran, dass du auch mal alt wirst, und dann siehst du alt aus, wenn dich keiner mehr beachtet oder achtet …

Aktion 48

flobox | photocase.de

Neunmalklug oder ein bisschen weise?

Dummé Menschen verurteilen,
kluge Menschen urteilen,
weise Menschen teilen!
Dumme Menschen binden,
kluge Menschen verbinden,
weise Menschen lassen los!
Dumme Menschen sind überheblich,
kluge Menschen sind selbstsicher,
weise Menschen sind erlöst!
Dumme Menschen leben vom Schein,
kluge Menschen leben vom Streben,
weise Menschen leben im Sein!

Dummme Menschen säen Zwietracht,
kluge Menschen suchen Eintracht,
weise Menschen sind eins!
Dumme Menschen wehren sich mit Waffen,
kluge Menschen bewaffnen sich mit Worten,
weise Menschen entwaffnen mit Liebe!
Dumme Menschen lassen sich gehen,
kluge Menschen beherrschen sich,
weise Menschen lassen sich führen!
Dumme Menschen sind ängstlich und drohen,
kluge Menschen dulden und ertragen,
weise Menschen verzeihen und vergessen!
Dumme Menschen finden sich klug,
kluge Menschen meinen weise zu sein,
weise Menschen halten sich für einfältig!

P. S. Beim Lesen ständig an andere gedacht? Am besten wirken die neun Sätze, wenn wir sie nur für uns bedenken. Der Dumme in mir, der Kluge in mir, der Weise in mir ...

Aktion 50

Widersprüchlich

Philipper 2, 12+13: Daher, meine Geliebten – wie ihr allezeit gehorsam gewesen seid, nicht nur in meiner Gegenwart, sondern jetzt noch viel mehr in meiner Abwesenheit –, bewirkt euer Heil mit Furcht und Zittern! Denn Gott ist es, der in euch wirkt, sowohl das Wollen als auch das Wirken zu seinem Wohlgefallen.

(Elberfelder)

Genau zwischen diesen beiden Polen oder Extremen findet lebendiges Christsein statt: einerseits mit Furcht und Zittern alles für die Errettung tun. Das heißt, wir müssen alles, was in unserer Macht steht, tun, und nicht so locker flockig, sondern mit vollem Ernst! So, als wenn es nur auf unseren Einsatz ankäme. Ich muss hellwach bleiben, hochmotiviert und total konzentriert auf meine Errettung.

Und im gleichen Satz, gleich anschließend: Denn Gott ist es, der in euch wirkt, sowohl das Wollen als auch das Wirken zu seinem Wohlgefallen.“ Das heißt, wir können gar nichts tun, wir brauchen gar nichts machen, weil Gott es ist, der das Wollen in uns bewirkt. Ich kann entspannen, weg vom Stress und der Hektik, ich kann ruhig bleiben, Gott macht mir überhaupt keinen Druck, sondern hilft mir, Gelassenheit einzuüben.

Wenn ich mein Christsein zwischen diesen beiden, fast widersprüchlichen Aussagen gestalte, zwischen Demut und Selbstbewusstsein, bleibt mein Glaube lebendig, zeigt Auswirkungen und bringt Früchte. Ich wünsche allen Lesern eine gute Ernte!

Anhang | Adressen

Arno Backhaus

kann man übrigens auch einladen zu einer Veranstaltung in die Gemeinde. Die unterschiedlichen Programme für Jung und Alt findest du auf seiner Homepage.

Kontakt:
Arno Backhaus, Hauptstr. 13, 34379 Calden (bei Kassel), Tel. 05677-1343
bauchladen@arno-backhaus.de · www.arno-backhaus.de

Eheseminare

TEAM.F – Neues Leben für Familien e.V., Honseler Bruch 30, 58511 Lüdenscheid,
Tel. 02351-81686, info@team-f.de, www.team-f.de

standUp e.V., Gesundheitsstr. 38, 42699 Solingen,
Tel. 0212-66746, leitung@standUpev.de, www.standupev.org

Schloß Craheim – Begegnungsstätte, 97488 Wetzhausen/Stadtlauringen,
Tel. 09724-9100-0, info@craheim.de, www.craheim.de

Prepare/Enrich, Carol Ann Bochmann, Jahnstr. 11, 15366 Neuenhagen,
Tel. 03342-247676, webmaster@prepare-enrich.de, www.prepare-enrich.de

Weißes Kreuz, Weißes-Kreuz-Str. 1-4, 34292 Ahnatal,
Tel. 05609-8399-0, weisses-kreuz@t-online.de, www.weisses-kreuz.de

Family Life Mission, Postfach 19 65, 77694 Kehl,
Tel. 07851-483045, flm.int@t-online.de, www.flm-int.de

Familien mit Christus, Geistliches Familienzentrum (kath.), Heiligenbrunn,
84098 Hohenthann, Tel. 08784-278, familienmitchristus@t-online.de,
www.familienmitchristus.de

Zeitschriften

„AufAtmen“ – Gott begegnen – authentisch leben (geeignet für Christen und am Glauben Interessierte)
„Das Hauskreis Magazin“ – Glauben gemeinsam leben (für Christen)
„family“ – Für Partnerschaft, Familie und Erziehung (auch für Nichtchristen geeignet)
„Joyce“ – FrauSein mit Vision (auch für Nichtchristen geeignet)
„dran“ – Das Magazin zum Selberglauben (für 18-35jährige – geeignet für Christen und am Glauben Interessierte)
„teensmag“ – trends, glaube, action, tiefgang (für 13-18jährige – auch für Nichtchristen geeignet)
„Kläx“ – Spielen – Glauben – Rätseln – Wissen (für Kids ab 7 Jahren)
„LebensLauf“ – wach glauben – mutig handeln – dankbar genießen (geeignet für Christen und am Glauben Interessierte)

Zu beziehen über: Bundes-Verlag GmbH, Bodenborn 43, 58452 Witten, Tel: 02302 93093-840, info@bundes-verlag.de, www.bundesverlag.de

„respect“ – Christentum/Kultur/Menschenwürde

Zu beziehen über: Neufeld Verlag. VdK-Straße 21, 92521 Schwarzenfeld, Tel. 09435-502449, info@neufeld-verlag.de

„Lydia“ – Die christliche Zeitschrift für die Frau

Zu beziehen über: LYDIA Verlag GmbH, Asslarer Weg 8, 35614 Asslar-Berghausen, Tel. 06443-8301-0, info@lydia.net

„Neues Leben“ – Das christliche Ratgeber-Magazin

Zu beziehen über: Neues Leben Medien e.V., Kölner Str. 23, 57610 Altenkirchen, Tel. 0700-70002500

„Come“ - Magazin für Christen

Zu beziehen über: Asaph GmbH, Postfach 2889, 58478 Lüdenscheid, Tel. 02351-9693-0, vertrieb@come-magazin.de

„dennoch“ – Klartext für junge Christen zwischen 18 und 35

Zu beziehen über: Daniel Weninger acmb e.V., Haus Wittgenstein, Ehrental 2-4, 53332 Bornheim-Roisdorf, Tel. 02222-701-220, mail@acmb.org

„Guter Start“ – Einstieg ins Bibellesen für Kinder ab 9 Jahren
„Atempause“ – Bibellesezeitschrift von Frau zu Frau

Zu beziehen über: Bibellesebund e.V., Industriestr. 2, 51709 Marienheide, Tel. 02264-40434-0, info@bibellesebund.de

„Jungschar“ – Zeitschrift für Jungen und Mädchen

Zu beziehen über: CVJM-Gesamtverband in Deutschland e.V., Im Druseltal 8, 34131 Kassel, Tel 0561-3087-0, info@cvjm.de

Einkehrtage, Zeiten der Stille

Kloster Volkenroda, 99998 Körner-Volkenroda, Tel.036025-559-0,
info@kloster-volkenroda.de, www.kloster-volkenroda.de

Jesus-Bruderschaft, 65597 Hünfelden, Tel. 06438-81-200,
pforte@jesus-bruderschaft.de, www.jesus-bruderschaft.de (Gnadenthal)

Christusträger Bruderschaft, Kloster Triefenstein am Main, 97855 Triefenstein,
Tel. 09395-7770, tr@christustraeger.org, www.christustraeger-bruderschaft.org

Christusträger Bruderschaft, Freiheit 7, 01662 Meißen,
Tel. 03521-40 77 18, mei@christustraeger.org, www.christustraeger-bruderschaft.org

Christusträger-Schwestern, Hergershof 8, 74542 Braunsbach,
Tel. 07906-8671, www.christustraeger-schwestern.de

Dünenhof / WegGemeinschaft e.V., In den Dünen 4, 27476 Cuxhaven,
Tel. 04723-71230, info@duenenhof.org, www.duenenhof.org

Schloß Craheim, Begegnungsstätte, 97488 Wetzhausen/Stadtlauringen,
Tel. 09724-9100-0, info@craheim.de, www.craheim.de

Christen in der Offensive e.V., Ökumenische Kommunität, Hel.-Göttmann-Str. 1, 64385 Reichelsheim,
Tel. 06164-93090, reichenberg@ojc.de, www.ojc.de

Christen in der Offensive e.V., Haus der Hoffnung, Burgstr. 30, 17489 Greifswald,
Tel. 03834-504092, kaissling@ojc.de, www.ojc.de

Wörnersberger Anker, Hauptstr. 32, 72299 Wörnersberg,
Tel. 07453-9495-0, info@ankernetz.de, www.ankernetz.de

Christusbruderschaft Selbitz, Wildenberg 23, 95152 Selbitz,
Tel. 09280-6850, gaestehaus@christusbruderschaft.de, www.christusbruderschaft.de

Communität Casteller Ring e.V., Schwanberg, 97348 Rödelsee,
Tel. 09323-32-0, ccr@schwanberg.de, www.schwanberg.de

Seelsorge, Therapie, Beratung

Klinik Hohe Mark – Psychiatrie, Psychotherapie, Friedländerstraße 2, 61440 Oberursel,
Tel. (0,14 €/Min.) 01805-46436275, info@hohemark.de, www.hohemark.de

wuestenstrom e.V., Hauptstr. 72, 71732 Tamm,
Tel. 07141-6889671, info@wuestenstrom.de, www.wuestenstrom.de

Psychotherapeutische Privatpraxis Dr. Benjamin Zeller, Hohenheimer Straße 21, 70184 Stuttgart,
Tel 0711-8602920, dr.zeller@praxis-zeller.de, www.praxis-zeller.de

Leben im Kontext e.V., Elisabethstr. 16, 44139 Dortmund,
Tel. 0231-522952, info@lebenimkontext.de, www.lebenimkontext.de

BTS Fachgesellschaft für Psychologie und Seelsorge, Lauterbadstraße 74, 72250 Freudenstadt,
Tel. 07441-869931, info@bts-ips.de, www.bts-ips.de

DE´IGNIS-Fachklinik GmbH, Walddorfer Straße 23, 72227 Egenhausen,
Tel. 07453-9391-0, Fax: 9391-93, info@deignis.de, http://www.deignis.de/

TEAM.F – Neues Leben für Familien e.V., Honseler Bruch 30, 58511 Lüdenscheid,
Tel. 02351-81686, info@team-f.de, www.team-f.de

standUp e.V., Gesundheitsstr. 38, 42699 Solingen,
Tel. 0212-66746, leitung@standUpev.de, www.standupev.org

Prepare/Enrich, Carol Ann Bochmann, Jahnstr. 11, 15366 Neuenhagen,
Tel. 03342-247676, webmaster@prepare-enrich.de, www.prepare-enrich.de

Weißes Kreuz, Weißes Kreuz-Str. 1-4, 34292 Ahnatal,
Tel. 05609-8399-0, weisses-kreuz@t-online.de, www.weisses-kreuz.de

Family Life Mission, Postfach 1965, 77694 Kehl,
Tel. 07851-483045, flm.int@t-online.de, www.flm-int.de

Familien mit Christus – Geistliches Familienzentrum (kath.), Heiligenbrunn, 84098 Hohenthann,
Tel. 08784-278, familienmitchristus@t-online.de, www.familienmitchristus.de

Hoffnung für Dich, Schloss Falkenberg, 34590 Wabern,
Tel. 05683-9980-0, hfd@hoffnung-fuer-dich.de, www.hoffnung-fuer-dich.de

Christen in der Offensive e.V. – Ökumenische Kommunität, Hel.-Göttmann-Str. 1, 64385 Reichelsheim,
Tel. 06164-93090, reichenberg@ojc.de, www.ojc.de

Wörnersberger Anker, Hauptstr. 32, 72299 Wörnersberg,
Tel. 07453-9495-0, info@ankernetz.de, www.ankernetz.de

Blaues Kreuz in Deutschland e.V., Freiligrathstraße 27, 42289 Wuppertal,
Tel. 0202-62003-0, bkd@blaues-kreuz.de, www.blaues-kreuz.de

Birgit Schilling, Supervisorin DGSV, Wendelinusplatz 4, 50354 Hürth-Berrenrath,
Tel. 02233-933462, info@schilling-supervision.com, www.schilling-supervision.com